ÍNDICE

MONÓLOGOS

FICHA 1 – CANDIDATO A

TAREA 1 **MONÓLOGO**	• Leed la introducción del tema y las sugerencias. • Escoged tres o cuatro ideas para incluir en vuestra exposición, si queréis, podéis añadir ideas propias. • **Hablad del tema que os proponemos durante 4-4.30 minutos.**

GOOGLE BOOKS

El proyecto era escanear bibliotecas enteras para convertirse en el "buscador de libros" por antonomasia y obtener beneficios económicos. Los titulares de derechos de autor, pero, plantearon pronto las primeras demandas contra Google.

- Beneficios.

- Propiedad intelectual.

- Gratuidad.

- Tu opinión.

TAREA 1 MONÓLOGO	• Leed la introducción del tema y las sugerencias. • Escoged tres o cuatro ideas para incluir en vuestra exposición, si queréis, podéis añadir ideas propias. • **Hablad del tema que os proponemos durante 4-4.30 minutos.**

EL INTERNET DE LAS COSAS

Es todo un mundo que nos está llegando. El Internet de las cosas es una red de objetos de la vida cotidiana inteligentes que están interconectados. Nuestro frigorífico, por ejemplo, hará directamente el pedido…

	• ¿Colonización de las nuevas tecnologías? • Imposición o libre albedrío. • Futuro imparable • Tu opinión.

FICHA 2 – CANDIDATO A

TAREA 1 MONÓLOGO	<ul><li>Leed la introducción del tema y las sugerencias.</li><li>Escoged tres o cuatro ideas para incluir en vuestra exposición, si queréis, podéis añadir ideas propias.</li><li>**Hablad del tema que os proponemos durante 4-4.30 minutos.**</li></ul>

¿TODA PIEDRA HACE PARED?

Programas de TV que recaudan donativos para la investigación de enfermedades, campañas de recogida para los bancos de alimentos...
¿Somos personas solidarias y concienciadas con los problemas de quienes tenemos al lado o estamos haciendo la cama al Estado? ¿Qué piensas?

- Derechos y deberes de los ciudadanos y de la administración.

- Prestaciones a cambio de impuestos.

- Situaciones de emergencia, imprevistos.

- Reivindicación / Cooperación.

FICHA 2 – CANDIDATO B

TAREA 1 **MONÓLOGO**	• Leed la introducción del tema y las sugerencias. • Escoged tres o cuatro ideas para incluir en vuestra exposición, si queréis, podéis añadir ideas propias. • **Hablad del tema que os proponemos durante 4-4.30 minutos.**

OBSOLESCENCIA PROGRAMADA

Los fabricantes hacen más corta la vida de sus creaciones y, así, consiguen que los consumidores gasten más. Francia ha aprobado una ley en que se establecen sanciones hasta 300.000 euros y dos años de prisión para los fabricantes que ponen fecha de muerte a sus productos.

- ¿Fraude?

- Economía.

- Sostenibilidad.

- Tu opinión.

FICHA 3 – CANDIDATO A

TAREA 1 **MONÓLOGO**	• Leed la introducción del tema y las sugerencias. • Escoged tres o cuatro ideas para incluir en vuestra exposición, si queréis, podéis añadir ideas propias. • **Hablad del tema que os proponemos durante 4-4.30 minutos.**

EL PRECIO DE VIVIR MEJOR

Vivimos más años y mejor, ¿Pero qué precio pagaremos por eso? ¿Nos encontramos en el mejor momento de la historia de la humanidad o, contrariamente, es el peor? ¿Hasta qué punto el progreso pone en peligro la salud y nuestro hábitat?

• Antes y ahora.

• Degradación del medio ambiente.

• Aumento de las enfermedades.

• Futuro.

FICHA 3 – CANDIDAT B

TAREA 1 MONÓLOGO	• Leed la introducción del tema y las sugerencias. • Escoged tres o cuatro ideas para incluir en vuestra exposición, si queréis, podéis añadir ideas propias. • **Hablad del tema que os proponemos durante 4-4.30 minutos.**

TEORIA DE LA CONSPIRACIÓN

Hay quién piensa que una conspiración o complot está detrás de un hecho o una política. Normalmente implica un grupo de poder a la sombra que quiere ganar posiciones o esconder determinadas verdades. Por ejemplo, la extensión voluntaria de enfermedades para enriquecer los laboratorios farmacéuticos o eliminar determinados sectores de la población.

• Conspiración.

• Medios de comunicación, literatura, cine, música…

• Desinformación.

• Opinión personal.

FICHA 4 – CANDIDATO A

TAREA 1 **MONÓLOGO**	• Leed la introducción del tema y las sugerencias. • Escoged tres o cuatro ideas para incluir en vuestra exposición, si queréis, podéis añadir ideas propias. • **Hablad del tema que os proponemos durante 4-4.30 minutos.**

LA VIOLENCIA EN EL DEPORTE

El periodista y escritor Rodolfo Braceli ha dicho: "El fútbol fomenta la violència, el racismo, el gangsterismo, el éxito y el fracaso. Como un espejo, el fútbol reproduce aquello que pasa en la sociedad y lo amplifica por la simple razón de la idiosincrasia de este tipo de disciplina deportiva convertida en espectáculo de masas." ¿Qué piensas?

- ¿Es el hombre violento por naturaleza?

- Comportamiento individual / comportamiento de grupo.

- ¿Comportamientos consentidos?

- Deporte y violencia.

FICHA 4 – CANDIDATO B

TAREA 1 **MONÓLOGO**	• Leed la introducción del tema y las sugerencias. • Escoged tres o cuatro ideas para incluir en vuestra exposición, si queréis, podéis añadir ideas propias. • **Hablad del tema que os proponemos durante 4-4.30 minutos.**

NUEVAS FORMAS DE CONCEBIR LA POLÍTICA

Un escritor francés del siglo XVII dijo: "La política es un acto de equilibrio entre aquellos que quieren entrar y aquellos que no quieren salir." Uno de los aforismos de Fuster aconseja: "Sed buenos políticos, sed políticos buenos". ¿Qué piensas?

- • ¿Qué es para ti la política?

- • Opinión pública: suspenso general de los políticos.

- • ¿Existe distancia entre políticos y realidad?

- • Participación ciudadana en la política.

FICHA 5 – CANDIDATO A

TAREA 1 **MONÓLOGO**	• Leed la introducción del tema y las sugerencias. • Escoged tres o cuatro ideas para incluir en vuestra exposición, si queréis, podéis añadir ideas propias. • **Hablad del tema que os proponemos durante 4-4.30 minutos.**

LA INMIGRACIÓN

El goteo de noticias sobre asaltos a la valla melillense y de pateras que llegan a las costas puede provocar la sensación que la cifra de inmigrantes es altísima. Avalanchas, oleadas, asaltos son lugares comunes de la prensa actual. ¿Necesita Europa un nuevo modelo de gestión de la inmigración?

	• Impacto social. • Legal / ilegal. • Xenofobia. • Tu opinión.

FICHA 5 – CANDIDATO B

TAREA 1 **MONÓLOGO**	• Leed la introducción del tema y las sugerencias. • Escoged tres o cuatro ideas para incluir en vuestra exposición, si queréis, podéis añadir ideas propias. • **Hablad del tema que os proponemos durante 4-4.30 minutos.**

EL ÉBOLA

"El brote demuestra los peligros de las crecientes desigualdades sociales y económicas al mundo. Los ricos obtienen el mejor tratamiento. A los pobres se los deja morir". Ha recordado Chan, la directora general de la OMS, pero esto está empezando a cambiar con este brote, ¿Nos encontramos ante el miedo mundial que el virus se expanda?

• Emergencia sanitaria.

• Impacto social.

• Interés mediatico.

• Tu opinión.

FICHA 6 – CANDIDATO A

TAREA 1 MONÓLOGO	<ul><li>Leed la introducción del tema y las sugerencias.</li><li>Escoged tres o cuatro ideas para incluir en vuestra exposición, si queréis, podéis añadir ideas propias.</li><li>**Hablad del tema que os proponemos durante 4-4.30 minutos.**</li></ul>

¿LAS TRADICIONES LO JUSTIFICAN TODO?

Hay costumbres que atentan contra la integridad física y psíquica de las personas, prácticas ancestrales que hoy, a pesar de que la sociedad ha cambiado, todavía hay quién las justifica, fiestas en que los animales son maltratados cruelmente, etc.

	<ul><li>Diferencias culturales.</li><li>Tradición / ética.</li><li>Ejemplos.</li><li>Opinión personal.</li></ul>

TAREA 1 MONÓLOGO	• Leed la introducción del tema y las sugerencias. • Escoged tres o cuatro ideas para incluir en vuestra exposición, si queréis, podéis añadir ideas propias. • **Hablad del tema que os proponemos durante 4-4.30 minutos.**

¡CUÉNTAME UN CUENTO!

La Biblioteca municipal ha organizado unas sesiones de literatura oral en que los vecinos explicarán al público fábulas y leyendas tradicionales. Entre otras posibilidades, tú has elegido hacer una versión un poco diferente de aquella fábula que siempre te contaban en casa.

• Presentación.

• Motivos de tu elección

• Explica el cuento.

- Situa la narración en el espacio y tiempo.

- Introduce diálogos en la narración.

FICHA 7 – CANDIDATO A

TAREA 1 MONÓLOGO	• Leed la introducción del tema y las sugerencias. • Escoged tres o cuatro ideas para incluir en vuestra exposición, si queréis, podéis añadir ideas propias. • **Hablad del tema que os proponemos durante 4-4.30 minutos.**

EL ÍNDICE DE LA FELICIDAD

El año 1972 el cuarto Rey Dragón de Bután crea el término "Felicidad Interior Bruta" (FIB), por analogía con el PIB (Producto Interior Bruto), para medir el grado de felicidad/satisfacción de los habitantes de su país. Actualmente algunos gobiernos y algunas ONG lo utilizan para hacer referencia al estado de bienestar de las personas. Propones una reunión como establecer el FIB de tu localidad.

• Definición / explicación de "felicidad".

• Factores determinantes del FIB.

• Ejecución de un plan de estudio local.

• Actuaciones posteriores.

FICHA 7 – CANDIDATO B

TAREA 1 MONÓLOGO	• Leed la introducción del tema y las sugerencias. • Escoged tres o cuatro ideas para incluir en vuestra exposición, si queréis, podéis añadir ideas propias. • **Hablad del tema que os proponemos durante 4-4.30 minutos.**

OBJETIVOS

Participas en una tertulia sobre la importancia de tener objetivos en la vida. Hay quién afirma que en esta vida se tienen que hacer tres cosas: tener un hijo, plantar un árbol y escribir un libro. Pero también hay quién dice que esto es fácil, que el que es difícil es criar el hijo, regar el árbol y que alguien lea el libro que has escrito. Y tú, ¿Qué piensas?

• Importancia de tener objectivos.

• Cosas importantes / importancia de las cosas.

• Conseguir objectivos / conseguir felicidad.

• Opinión personal.

TAREA 1 **MONÓLOGO**	• Leed la introducción del tema y las sugerencias. • Escoged tres o cuatro ideas para incluir en vuestra exposición, si queréis, podéis añadir ideas propias. • **Hablad del tema que os proponemos durante 4-4.30 minutos.**

LA BÚSQUEDA DEL TIEMPO PERDIDO

A menudo se hace referencia a la "magdalena" de Proust por habla de una experiencia sensorial agradable que evoca un recuerdo entrañable porque, para él, el gusto de una magdalena mojada en una taza de te le evocaba una avalancha de buenos recuerdos del pasado. ¿Qué sabor tiene tu "magdalena"?

• Anécdota-recuerdo.

• Importancia de los sentidos y de les experiencies sensoriales.

• Olores, objetos, imágenes que evocan recuerdos.

• ¿Memoria selectiva?

TAREA 1 MONÓLOGO	• Leed la introducción del tema y las sugerencias. • Escoged tres o cuatro ideas para incluir en vuestra exposición, si queréis, podéis añadir ideas propias. • **Hablad del tema que os proponemos durante 4-4.30 minutos.**

LA JUSTICIA Y LA LEGALIDAD

Una cosa es la legalidad y otra, de muy diferente, la justicia. A veces los ciudadanos discrepamos de las leyes y de las aplicaciones que se hacen porque no parecen nada justas. ¿Qué piensas?

- Legalidad / justicia.

- Legalidad injusta / justicia no legal.

- Casos concretos.

- ¿Soluciones?

FICHA 9 – CANDIDATO A

TAREA 1 MONÓLOGO	• Leed la introducción del tema y las sugerencias. • Escoged tres o cuatro ideas para incluir en vuestra exposición, si queréis, podéis añadir ideas propias. • **Hablad del tema que os proponemos durante 4-4.30 minutos.**

EN MI PAÍS LA LLUVIA NO SABE LLOVER

Una catástrofe natural produce una gran cantidad de daños materiales y personales en un lugar y en un momento dado. Fenómenos naturales, como la lluvia o el viento, pueden generar grandes desastres. Sin embargo, a menudo, lo que conocemos como catástrofes naturales son causadas por la acción humana o son consecuencia.

• ¿Catástrofe natural?

• ¿Previsiones?

• Invasión imprudente de espacios naturales.

• Subvención per daños/actuación preventiva.

FICHA 9 – CANDIDATO B

TAREA 1 **MONÓLOGO**	• Leed la introducción del tema y las sugerencias. • Escoged tres o cuatro ideas para incluir en vuestra exposición, si queréis, podéis añadir ideas propias. • **Hablad del tema que os proponemos durante 4-4.30 minutos.**

CIENCIA Y CONSCIENCIA

La manipulación de genes y de embriones ha producido importantes mejoras en la salud: reproducción asistida con el ADN de tres personas para evitar la transmisión de enfermedades genéticas, selección genética de embriones para curar hermanos enfermos, trasplante de células madre como alternativa terapéutica en enfermedades neurodegenerativas, diabetes juvenil, etc. ¿Tendríamos que poner freno?

• Importancia de la investigación científica.

• Ética de la manipulación genética.

• Alternativas terapéuticas/bebés de diseño.

• Límites.

DIÁLOGOS

TEMÁTICA 1: CIENCIA

FICHA 1 – CANDIDATO A

TAREA 2 DIÁLOGO	• **Tiempo de la conversación:8-9 minutos** • Evitad dar respuestas demasiado cortas y mostraros participativos como lo haríais en una conversación normal. • Tu compañero tiene una información diferente. • Si es posible, intentad llegar a un acuerdo al final de la conversación.

LA CARA Y LA CRUZ DE LOS DESCUBRIMIENTOS CIENTÍFICOS

Participas en una mesa redonda organizada por un medio de comunicación sobre el ritmo a que avanza la ciencia. ¿Habría que replantearnos los límites del progreso y aumentar nuestro grado de responsabilidad en los descubrimientos científicos? Argumentas contra la libertad total de los científicos.

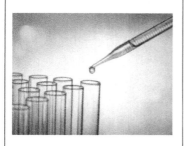

- Motivos.

- Beneficios / mejoras posibles.

- Cordura

- Importancia de llegar a acuerdos internacionales.

FICHA 1 – CANDIDATO B

TAREA 2 **DIÁLOGO**	• **Tiempo de la conversación:8-9 minutos** • Evitad dar respuestas demasiado cortas y mostraros participativos como lo haríais en una conversación normal. • Tu compañero tiene una información diferente. • Si es posible, intentad llegar a un acuerdo al final de la conversación.

LA CARA Y LA CRUZ DE LOS DESCUBRIMIENTOS CIENTÍFICOS

Participas en una mesa redonda organizada por un medio de comunicación sobre el ritmo a que avanza la ciencia. ¿Habría que replantearnos los límites del progreso y aumentar nuestro grado de responsabilidad en los descubrimientos científicos? Argumentas a favor de la libertad total de los científicos.

- • Motivos

- • Ejemplos

- • Límites.

- • ¿Ciencia ficción o película de terror?

TEMÁTICA 2: FAUNA Y FLORA

TAREA 2 **DIÁLOGO**	• **Tiempo de la conversación:8-9 minutos** • Evitad dar respuestas demasiado cortas y mostraros participativos como lo haríais en una conversación normal. • Tu compañero tiene una información diferente. • Si es posible, intentad llegar a un acuerdo al final de la conversación.

PERSONAS NO HUMANAS

Has leído la noticia siguiente y te parece una majadería: "Científicos de renombre defienden que habría que reconocer los derechos básicos a los grandes simios y a los cetáceos para que sean considerados personas no humanas, puesto que muestran rasgos evidentes que siempre se han entendido como definidores del concepto de persona". Lo comentas con un amigo/una amiga.

	• ¿Qué nos hace ser humanos o animales? • Compra de animales exóticos. • Valores éticos. • Tu opinión.

FICHA 2 – CANDIDATO B

TAREA 2 DIÁLOGO	• **Tiempo de la conversación:8-9 minutos** • Evitad dar respuestas demasiado cortas y mostraros participativos como lo haríais en una conversación normal. • Tu compañero tiene una información diferente. • Si es posible, intentad llegar a un acuerdo al final de la conversación.

PERSONAS NO HUMANAS

Has leído la noticia siguiente y no te parece una mala idea: "Científicos de renombre defienden que habría que reconocer los derechos básicos a los grandes simios y a los cetáceos para que sean considerados personas no humanas, puesto que muestran rasgos evidentes que siempre se han entendido como definidores del concepto de persona". Lo comentas con un amigo/una amiga.

• ¿Qué nos hace ser humanos o animales?

• Derechos humanos / derechos animales.

• Parte de la cadena alimenticia.

• ¿Y los otros animales?

TEMÁTICA 3: JUVENTUD

FICHA 3 – CANDIDATO A

TAREA 2 DIÁLOGO	• **Tiempo de la conversación:8-9 minutos** • Evitad dar respuestas demasiado cortas y mostraros participativos como lo haríais en una conversación normal. • Tu compañero tiene una información diferente. • Si es posible, intentad llegar a un acuerdo al final de la conversación.

LOS JÓVENES

Participas en un debate sobre la imagen que se transmite que los jóvenes son básicamente ninis, que lo único que quieren es divertirse y tomar alcohol y drogas. Eres un educador que rebate la visión negativa.

- Estereotipos y diversidad.

- Imagen mediática.

- Consecuencias.

- Educación en valores.

FICHA 3 – CANDIDATO B

TAREA 2 DIÁLOGO	<ul><li>**Tiempo de la conversación: 8-9 minutos**</li><li>Evitad dar respuestas demasiado cortas y mostraros participativos como lo haríais en una conversación normal.</li><li>Tu compañero tiene una información diferente.</li><li>Si es posible, intentad llegar a un acuerdo al final de la conversación.</li></ul>

LOS JÓVENES

Participas en un debate sobre la imagen que se transmite que los jóvenes son básicamente ninis, que lo único que quieren es divertirse y tomar alcohol y drogas. Eres un educador que no piensa que sea para tanto.

	<ul><li>Alcohol, drogas, bandas, sexo…</li><li>Les influencias: malas compañías, entorno…</li><li>Desinterés por los estudios.</li><li>Valores perdidos.</li></ul>

TEMÁTICA 4: EDUCACIÓN

FICHA 4 – CANDIDATO A

TAREA 2 DIÁLOGO	<ul><li>**Tiempo de la conversación:8-9 minutos**</li><li>Evitad dar respuestas demasiado cortas y mostraros participativos como lo haríais en una conversación normal.</li><li>Tu compañero tiene una información diferente.</li><li>Si es posible, intentad llegar a un acuerdo al final de la conversación.</li></ul>

EL INFORME PISA

El rendimiento mediano de los alumnos españoles en resolución de problemas en PISA 2012 es de 477 puntos, 23 puntos por debajo de la media de la OCDE (500 puntos). España ocupa el lugar 29 entre los 44 países que han realizado la prueba y el 23 entre los 28 de los que pertenecen a la OCDE. Participas en un debate sobre el tema del rendimiento académico y piensas que la culpa es del sistema.

- Cambios constantes en el plan de estudios.

- Recortes.

- Materiales obsoletos.

- Priorización conceptual.

FICHA 4 – CANDIDATO B

<table>
<tr>
<td>TAREA 2
DIÁLOGO</td>
<td>

- **Tiempo de la conversación:8-9 minutos**
- Evitad dar respuestas demasiado cortas y mostraros participativos como lo haríais en una conversación normal.
- Tu compañero tiene una información diferente.
- Si es posible, intentad llegar a un acuerdo al final de la conversación.

</td>
</tr>
</table>

EL INFORME PISA

El rendimiento mediano de los alumnos españoles en resolución de problemas en PISA 2012 es de 477 puntos, 23 puntos por debajo de la media de la OCDE (500 puntos). España ocupa el lugar 29 entre los 44 países que han realizado la prueba y el 23 entre los 28 de los que pertenecen a la OCDE. Participas en un debate sobre el tema del rendimiento académico y no piensas que la culpa es del sistema.

- Falta de interés.

- Sobreprotección.

- Vida real/escuela.

- Otros intereses.

TEMÁTICA 5: CIENCIA FICCIÓN

FICHA 5 – CANDIDATO A

TAREA 2 **DIÁLOGO**	• **Tiempo de la conversación:8-9 minutos** • Evitad dar respuestas demasiado cortas y mostraros participativos como lo haríais en una conversación normal. • Tu compañero tiene una información diferente. • Si es posible, intentad llegar a un acuerdo al final de la conversación.

SUPERVIVIENTES

Acabas de ver una película de ciencia ficción en que una pareja son los únicos supervivientes conocidos de una catástrofe nuclear.
Comentas con una amigo/una amiga como te sentirías si te encontrastes en una situación así y como te imaginas esa vida.

	• Energía nuclear a debate. • Sentimientos contradictorios. • ¿Cómo empezar de nuevo? • Aprender de los errores.

FICHA 5 – CANDIDATO B

TAREA 2 DIÁLOGO	• **Tiempo de la conversación:8-9 minutos** • Evitad dar respuestas demasiado cortas y mostraros participativos como lo haríais en una conversación normal. • Tu compañero tiene una información diferente. • Si es posible, intentad llegar a un acuerdo al final de la conversación.

SUPERVIVIENTES

Acabas de ver una película de ciencia ficción en que una pareja son los únicos supervivientes conocidos de una catástrofe nuclear.
Comentas con una amigo/una amiga como te sentirías si te encontraste en una situación así y como te imaginas esa vida.

- Energía nuclear necessaria.

- Sentimientos negativos.

- ¿Cómo empezar de nuevo? Consecuencias.

- Sin futuro.

TEMÁTICA 6: NUEVAS TECNOLOGÍAS

FICHA 6 – CANDIDATO A

TAREA 2 DIÁLOGO	• **Tiempo de la conversación:8-9 minutos** • Evitad dar respuestas demasiado cortas y mostraros participativos como lo haríais en una conversación normal. • Tu compañero tiene una información diferente. • Si es posible, intentad llegar a un acuerdo al final de la conversación.

ANTES Y DESPUÉS DE INTERNET

La llegada de Internet ha revolucionado la manera de vivir de las sociedades desarrolladas. La forma de trabajar, de acceder a la información o de relacionarse ha hecho un giro en solo 20 años y se desconoce hasta donde puede llegar. Piensas que son cambios beneficiosos y que no se puede vivir al margen. Comentas los aspectos que consideras más negativos.

• ¿Cómo era antes?

• Aportaciones: ciencia, trabajo, estudios…

• Ámbito de comunicación.

• Futuro.

FICHA 6 – CANDIDATO B

TAREA 2 **DIÁLOGO**	• **Tiempo de la conversación:8-9 minutos** • Evitad dar respuestas demasiado cortas y mostraros participativos como lo haríais en una conversación normal. • Tu compañero tiene una información diferente. • Si es posible, intentad llegar a un acuerdo al final de la conversación.

ANTES Y DESPUÉS DE INTERNET

La llegada de Internet ha revolucionado la manera de vivir de las sociedades desarrolladas. La forma de trabajar, de acceder a la información o de relacionarse ha hecho un giro en solo 20 años y se desconoce hasta donde puede llegar. Piensas que son cambios beneficiosos y que no se puede vivir al margen. Comentas los aspectos que consideras más positivos.

- ¿Cómo era antes?

- Cambios negativos producidos.

- Ámbito de producción.

- Futuro.

TEMÁTICA 7: ECONOMÍA Y EMPRESA

TAREA 2 DIÁLOGO	<ul><li>**Tiempo de la conversación:8-9 minutos**</li><li>Evitad dar respuestas demasiado cortas y mostraros participativos como lo haríais en una conversación normal.</li><li>Tu compañero tiene una información diferente.</li><li>Si es posible, intentad llegar a un acuerdo al final de la conversación.</li></ul>

GRANDES EMPRESAS / EMPRESAS GRANDES

Como cada año el ayuntamiento reúne representantes de vecinos y de empresarios locales para decidir a quién se da el título de Empresa del año teniendo en cuenta tanto el aspecto empresarial como el social (beneficios para el pueblo, etc). Representas a los empresarios y tu propuesta no coincide con la de los vecinos, pero el ayuntamiento exige una postura unitaria.

- Tu propuesta. Motivos.

- Puntos en desacuerdo con los vecinos.

- Criterios de la elección: laboral, comercial, utilidad para el pueblo…

- Empresa ganadora. Motivos.

TAREA 2 DIÁLOGO	• **Tiempo de la conversación:8-9 minutos** • Evitad dar respuestas demasiado cortas y mostraros participativos como lo haríais en una conversación normal. • Tu compañero tiene una información diferente. • Si es posible, intentad llegar a un acuerdo al final de la conversación.

GRANDES EMPRESAS / EMPRESAS GRANDES

Como cada año el ayuntamiento reúne representantes de vecinos y de empresarios locales para decidir a quién se da el título de Empresa del año teniendo en cuenta tanto el aspecto empresarial como el social (beneficios para el pueblo, etc). Representas a los empresarios y tu propuesta no coincide con la de los vecinos, pero el ayuntamiento exige una postura unitaria.

- Tu propuesta. Motivos.

- Puntos en desacuerdo con los vecinos.

- Criterios de la elección: laboral, comercial, utilidad para el pueblo…

- Empresa ganadora. Motivos.

TEMÁTICA 8: MEDIO AMBIENTE

FICHA 8 – CANDIDATO A

TAREA 2 **DIÁLOGO**	• **Tiempo de la conversación:8-9 minutos** • Evitad dar respuestas demasiado cortas y mostraros participativos como lo haríais en una conversación normal. • Tu compañero tiene una información diferente. • Si es posible, intentad llegar a un acuerdo al final de la conversación.

EL VENENO INVISIBLE

Cada día toneladas de productos tóxicos se abocan al medio ambiente, algunos sin saber si son tóxicos a largo plazo para los seres vivos. Hasta 247 sustancias tóxicas se han encontrado en neonatos. Esta contaminación insidiosa la respiramos cada día y está por todas partes, en la ropa, en la comida, en el hogar... Defiendes el derecho en una vida sana.

	• Cuidar el medio ambiente. • Problemas de salud. • Concienciación de la gente. • Futuro

FICHA 8 – CANDIDATO B

TAREA 2 DIÁLOGO	• **Tiempo de la conversación:8-9 minutos** • Evitad dar respuestas demasiado cortas y mostraros participativos como lo haríais en una conversación normal. • Tu compañero tiene una información diferente. • Si es posible, intentad llegar a un acuerdo al final de la conversación.

EL VENENO INVISIBLE

Cada día toneladas de productos tóxicos se abocan al medio ambiente, algunos sin saber si son tóxicos a largo plazo para los seres vivos. Hasta 247 sustancias tóxicas se han encontrado en neonatos. Esta contaminación insidiosa la respiramos cada día y está por todas partes, en la ropa, en la comida, en el hogar... No piensas que sea para tanto.

- Confianza en las instituciones.

- ¿Renunciar al bienestar?

- Ser ecológico = rascarse el bolsillo.

- Futuro.

TEMÁTICA 9: LOS DERECHOS LABORALES

FICHA 9 – CANDIDATO A

TAREA 2 DIÁLOGO	• **Tiempo de la conversación:8-9 minutos** • Evitad dar respuestas demasiado cortas y mostraros participativos como lo haríais en una conversación normal. • Tu compañero tiene una información diferente. • Si es posible, intentad llegar a un acuerdo al final de la conversación.

DISCRIMINACIÓN LABORAL

Eres el director general de una gran empresa de calzado, solicitas al departamento de recursos humanos la selección de un candidato que ejerza de subdirector en tu ausencia. No estás contento con la elección del candidato y te dispones a tener una conversación con el encargado de recursos humanos.

• Exposición de la queja. Desacuerdo con la empresa.

• ¿Currículum o padrino?

• Criterios obsoletos.

• Propuesta de actuación.

FICHA 9 – CANDIDATO B

TAREA 2 DIÁLOGO	• **Tiempo de la conversación:8-9 minutos** • Evitad dar respuestas demasiado cortas y mostraros participativos como lo haríais en una conversación normal. • Tu compañero tiene una información diferente. • Si es posible, intentad llegar a un acuerdo al final de la conversación.

DISCRIMINACIÓN LABORAL

Eres el encargado del departamento de recursos humanos de una gran empresa. Te han solicitado que examines varios currículums y que escojas al candidato idóneo. Una vez hecha la elección el director general de la empresa solicita tener una cita contigo para comentar dicho asunto.

- Reconocimiento del mejor currículum.

- Postura no discriminatoria de la empresa.

- Motivos de la decisión.

- Amparo legal.

TEMÁTICA 10: LA ÉTICA EN LA CIENCIA

FICHA 10 – CANDIDATO A

TAREA 2 DIÁLOGO	• **Tiempo de la conversación:8-9 minutos** • Evitad dar respuestas demasiado cortas y mostraros participativos como lo haríais en una conversación normal. • Tu compañero tiene una información diferente. • Si es posible, intentad llegar a un acuerdo al final de la conversación.

LA CLONACIÓN

Participas en un debate sobre la clonación. La clonación animal es un hecho habitual, y la carne acaba en los platos de los norteamericanos. En Europa la carne procedente de animales clonados no se puede vender para el consumo humano. Por otro lado, la clonación humana, produce el rechazo por los riesgos que supone en varios ámbitos. Tú estás en contra.

- Sobrepasar los límites.

- Incógnitas para la salud.

- Bebés de diseño.

- Futuro.

TAREA 2 **DIÁLOGO**	• **Tiempo de la conversación:8-9 minutos** • Evitad dar respuestas demasiado cortas y mostraros participativos como lo haríais en una conversación normal. • Tu compañero tiene una información diferente. • Si es posible, intentad llegar a un acuerdo al final de la conversación.

LA CLONACIÓN

Participas en un debate sobre la clonación. La clonación animal es un hecho habitual, y la carne acaba en los platos de los norteamericanos. En Europa la carne procedente de animales clonados no se puede vender para el consumo humano. Por otro lado, la clonación humana, produce el rechazo por los riesgos que supone en varios ámbitos. Tú estás a favor.

• Protegidos por las leyes.

• Solución de problemas.

• Confianza en la ciencia.

• Futuro.

TEMÁTICA 11: CALIDAD DE VIDA

FICHA 11 – CANDIDATO A

TAREA 2 DIÁLOGO	• **Tiempo de la conversación:8-9 minutos** • Evitad dar respuestas demasiado cortas y mostraros participativos como lo haríais en una conversación normal. • Tu compañero tiene una información diferente. • Si es posible, intentad llegar a un acuerdo al final de la conversación.

¿MÁS TIEMPO, MÁS DINERO?

En una reunión de empresarios sobre la productividad, te opones a la idea de apostar por la innovación y que el trabajador sea quién controle su tiempo porque rinde más y genera más dinero para la empresa. Se trata de una nueva política, las vacaciones ilimitadas para los trabajadores, un periodo vacacional sin barreras temporales. La era industrial nos enseñó que la única manera de ganar dinero era intercambiándolos por tiempo: el trabajador daba horas a la empresa y, a cambio, recibía dinero.

- Desconfianza.

- Más horas, más productividad.

- Subírserle a la chepa.

- ¿Control?

FICHA 11 – CANDIDATO B

TAREA 2 **DIÁLOGO**	• **Tiempo de la conversación:8-9 minutos** • Evitad dar respuestas demasiado cortas y mostraros participativos como lo haríais en una conversación normal. • Tu compañero tiene una información diferente. • Si es posible, intentad llegar a un acuerdo al final de la conversación.

¿MÁS TIEMPO, MÁS DINERO?

En una reunión de empresarios sobre la productividad, estás a favor de la idea de apostar por la innovación y que el trabajador sea quién controle su tiempo porque rinde más y genera más dinero para la empresa. Se trata de una nueva política, las vacaciones ilimitadas para los trabajadores, un periodo vacacional sin barreras temporales. No piensas que la era industrial nos enseñó que la única manera de ganar dinero era intercambiándolos por tiempo: el trabajador daba horas a la empresa y, a cambio, recibía dinero.

• Confianza en el trabajador.

• Incentivo y aumento de productividad.

• Beneficios para todos.

• Abrirse a nuevas ideas.

TEMÁTICA 12: EL FUTURO

FICHA 12 – CANDIDATO A

TASCA 2 **DIÀLEG**	• **Temps de la conversa: 8-9 minuts** • Eviteu donar respostes massa curtes i mostreu-vos-hi participatius com ho faríeu en una conversa habitual. • El vostre company té una informació diferent. • Si és possible, intenteu arribar a un acord al final de la conversa.

¿QUIERES SER DE LOS PRIMEROS MARCIANOS?

Una empresa neerlandesa ofrece un billete de ida sin vuelta para ser de los primeros colonizadores de Marte. Cada viaje espacial tendrá 4 tripulantes, dos hombres y dos mujeres, para asegurar la reproducción. El proyecto se grabará y se emitirá en directo para poderse financiar. Eres el representante de la empresa que presenta el proyecto.

- Hecho histórico.

- Preparación científica, avances científicos.

- Adaptabilidad de las especies. Nuevas generaciones.

- Colaboración desde la tierra.

TAREA 2 DIÁLOGO	• **Tiempo de la conversación:8-9 minutos** • Evitad dar respuestas demasiado cortas y mostraros participativos como lo haríais en una conversación normal. • Tu compañero tiene una información diferente. • Si es posible, intentad llegar a un acuerdo al final de la conversación.

¿QUIERES SER DE LOS PRIMEROS MARCIANOS?

Una empresa neerlandesa ofrece un billete de ida sin vuelta para ser de los primeros colonizadores de Marte. Cada viaje espacial tendrá 4 tripulantes, dos hombres y dos mujeres, para asegurar la reproducción. El proyecto se grabará y se emitirá en directo para poderse financiar. Estás en contra y te reúnes con el representante de la empresa que presenta el proyecto.

- Imposibildad de supervivencia, asesinato?

- ¿Reproducción para qué?

- ¿Ciencia o, más bien, espectáculo?

- Sufrimiento desde la tierra.

publicar, distribuir, redistribuir, realizar cualquier tipo de emisión, mostrar en lugares públicos o privados mediante el uso de elementos de visión o escucha comunitarios o el material publicado en él (con independencia del tipo de archivo o elemento) sin nuestro permiso previo por escrito.

Protección de nuestros derechos

De forma seria y activa luchamos contra el uso no autorizado de este ebook y de los materiales en él publicados.

La detección de un uso no autorizado por su parte de los contenidos publicados en nuestra web puede acarrear el inicio de acciones legales contra Ud., incluyendo reclamaciones económicas sin perjuicio del inicio de un procedimiento de solicitud de eliminación de los contenidos que infrinjan los términos establecido en el apartado Licencia de Uso sin excluir la apertura de casos por violación del copyright.

Printed in Great Britain
by Amazon